Mäusegeschichten

Text und Bilder
Lore Hummel

Engelbert Dessart Verlag · Bad Aibling

Steffi, die Hausmaus, stand vor dem Spiegel und setzte ihren Sonntagshut auf. Dann tat sie Speck und Käse in ihr rotes Beutelchen und schickte sich an, die Feldmaus zu besuchen. Die Feldmaus hatte Weizenkuchen gebacken, da durfte man keine Zeit verlieren. Steffi schlüpfte aus dem Loch im Kellerfenster und lief durch die Wiese zum Kornfeld hinüber.

Die Feldmaus saß in ihrem Stübchen auf dem rosa gestreiften Sofa, als Steffi hereinkam. Hm! Wie der goldbraune Weizenkuchen so appetitlich aussah und wie der Kornkaffee duftete! So etwas Feines gab es im Bauernhaus nicht. Die Feldmaus dagegen freute sich sehr über den mitgebrachten Speck und Käse – denn das wiederum gab es im Kornfeld natürlich nicht. Die beiden aßen, tranken und plauderten und merkten nichts von der Rauferei, die draußen vor der Tür im Gange war.

Es ging um ein Stück Käse, das Steffi den Feldmauskindern mitgebracht hatte. „Der größte Teil gehört mir, denn ich bin der Älteste“, rief der Große und packte den Kleinen am Kragen. „Mir gehört die Hälfte!“ schrie der zornig und versuchte, den Großen abzuwehren.
Das dritte, allerkleinste Feldmauskind aber saß seelenruhig daneben und knabberte vergnügt an dem Käsestück, um das sich die beiden Brüder stritten.

Die Rauferei fand ein rasches Ende, denn die Mühlenmaus rannte vorbei, als würde es hinter ihr brennen. Die Feldmauskinder vergaßen ihren Streit und liefen neugierig hinterher. Mit einem Schwung flog die Haustüre auf, die Mühlenmaus stolperte herein und rief: „In der Wiese sitzt eine weiße Maus!!“ „Das gibt's doch gar nicht“, sagte die Feldmaus, und auch die Hausmaus schüttelte ungläubig den Kopf. „Kommt doch mit und seht selbst“, sagte die Mühlenmaus.

Alle liefen zur Wiese, auch zwei Schmetterlinge flogen mit, nur das kleinste Feldmauskind ließ sich nicht stören und aß lieber den Käse auf. „Wo rennt ihr denn hin?“ fragte der Frosch. „In der Wiese soll eine weiße Maus sitzen!“ rief die Hausmaus. „Daß ich nicht lache“, sagte der Frosch, „weiße Mäuse gibt es doch gar nicht.“ „So?“ meinte jetzt die Mühlenmaus. „Dann komm doch mit und sieh selbst.“
Neugierig geworden, hüpfte der Frosch hinterher.

Außer Atem kamen sie am Glockenblumenplatz an. Da saß doch tatsächlich eine weiße Maus, eine ganz weiße Maus. Alle starrten sie ungläubig an. „Wer bist denn du?“ fragte die Mühlenmaus endlich. „Ich bin eine Versuchsmaus, ich lief aus dem Versuchslabor weg, als die Käfigtüre offenstand“, piepste das Mäuslein. „Du kannst bei uns wohnen“, bot ihr die Hausmaus gleich an, aber die weiße Maus schüttelte den Kopf. In einem Menschenhaus wollte sie nicht leben, vor den Menschen hatte sie große Angst. Das konnten die anderen verstehen.

„Weißt du was“, sagte da der Maulwurf, der der aus seinem Bau gekrabbelt war, „ich grabe dir eine Wohnung mit so vielen Zimmern, wie du haben möchtest.“ Und er begann sogleich, die Erde umzuschaufeln, daß die Steine nur so flogen. „Mal langsam“, rief der Frosch, „was soll sie mit vielen Zimmern, wenn sie nicht mal ein Bett hat?“ „Ich habe eins übrig“, sagte die Feldmaus. „Und ich einen Tisch“, verkündete Steffi Hausmaus, „auch meinen Hut kann sie haben und einen Hocker.“

Die Verzweiflung der kleinen weißen Maus verwandelte sich in helle Freude. Noch nie hatte sie ein Bett, einen Tisch oder gar einen Hut besessen. Sie wollte sich bei den Mäusen bedanken – aber die waren schon weg. Es dauerte jedoch nicht lange, da kamen sie zurück und stapelten den mitgebrachten Hausrat in der Wiese auf.

Die Waldmaus half mit und überlegte, was sie wohl der armen weißen Maus schenken könnte.

Auch die Mühlenmaus war heimgelaufen. „Wenn die anderen Möbel für das weiße Mäuslein haben“, dachte sie, „habe ich einen ganzen Speicher voll Weizenkörner, davon kann es bestimmt etwas als Wintervorrat brauchen.“ Die Mühlenmaus holte ein Säckchen, das das Müllerkind einmal beim Spielen verloren hatte, und suchte die dicksten Körner zusammen. Dabei wühlte sie im Getreidehaufen herum, daß nur noch ihr Kopf zu sehen war.

Da kam der Müller die Treppe herauf. Das Mäuslein erschrak fürchterlich und versteckte sich, denn es hörte, wie der Müller die große Schaufel nahm, um das Getreide in Säcke zu füllen. Aber er entdeckte die kleine Maus nicht.

Als er gegangen war und man nur noch das Drehen der großen Windmühlenflügel hören konnte, schlich sie mit ihrem Säcklein auf dem Rücken davon. Sie zitterte immer noch etwas, aber bald war ihre Angst wieder verflogen.

Die Waldmaus hatte unterdessen zu Hause sämtliche Schubladen nach etwas Brauchbarem für die arme Versuchsmaus durchstöbert. Mit einer leuchtendgelben Schürze kam sie jetzt zurück, die mit roten Blümchen bestickt war. „Sieh mal", sagte sie und band dem weißen Mäuslein die Schürze um, „die Farbe paßt gut zu deinem Fell."
Die weiße Maus war begeistert von dem hübschen Geschenk. Sie drehte und wendete sich, und alle mußten sie bewundern.

„Die Wohnung wird erst morgen fertig“, sagte der Maulwurf und wischte sich die Pfoten an seinem Fell ab. „Laßt uns für heute Schluß machen und uns stärken.“

Die Feldmaus stellte den Tisch unter ein Blätterdach, die Hausmaus holte von daheim allerlei Leckerbissen, und alle aßen mit großem Appetit.

Weil ihr Haus noch nicht fertig war, schlief die weiße Maus in dieser Nacht noch bei der Waldmaus.

Wie's beim Einzug ins neue Heim zuging und was die Freunde sonst noch alles erlebten, erzähle ich euch ein andermal.